Me sobran noviembres

MUSEO SALVAJE
Colección de poesía
Homenaje a Olga Orozco

Homage to Olga Orozco
Poetry Collection
WILD MUSEUM

Osiris Mosquea

Me sobran noviembres

Nueva York Poetry Press

Nueva York Poetry Press LLC
128 Madison Avenue, Office 2RN
New York, NY 10016, USA
Telephone number: +1(929)354-7778
nuevayork.poetrypress@gmail.com
www.nuevayorkpoetrypress.com

Me sobran noviembres

© 2025 Osiris Mosquea

ISBN-13: 978-1-966772-77-4

© *Poetry Collection*
Wild Museum 74
(Homage to Olga Orozco)

© Blurbs & critical notes:
Silvia Siller
Cristian Fernández Alonzo
Antonio Bone
Horacio Herrera

© Publisher & Editor-in-Chief:
Marisa Russo

© Editor:
Francisco Trejo

© Layout Designers:
Agustina Andrade
Moctezuma Rodríguez

© Cover Designer:
William Velásquez Vásquez

©Author's Photographer:
Author's personal archives

© Cover Art Work:
Jimmy Valdez Osaku

Mosquea, Osiris
Me sobran noviembres, 1ª ed. New York: Nueva York Poetry Press, 2025, 102 pp. 5.25" x 8".

1. Dominican Poetry   2. Latin American Poetry

All rights reserved. No part of this publication may be reproduced, distributed, or transmitted in any form or by any means, including photocopying, recording, or other electronic or mechanical methods, without the prior written permission of the publisher, except in the case of brief quotations embodied in critical reviews and certain other non-commercial uses permitted by copyright law. For permissions contact the publisher at: nuevayork.poetrypress@gmail.com.

Animula, vagula, blandula
Hospes comesque corporis
Quae nunc abibis in loca
Pallidula, rigida, nudula
Nec, ut solis, dabis iocos.

PUBLIO ELIO ADRIANO

Mínima alma mía, tierna y flotante
huésped y compañera de mi cuerpo
descenderás a esos parajes pálidos,
rígidos y desnudos,
donde habrá de renunciar a los juegos de antaño.

Traducción de Julio Cortázar

Algún día lo sabré. Este cuerpo que ha sido
mi albergue, mi prisión, mi hospital, es mi tumba.
Esto que uní alrededor de un ansia,
de un dolor, de un recuerdo,
desertará buscando el agua, la hoja,
la espora original y aun lo inerte y la piedra.
Este nudo que fui (inexplicable de cóleras,
traiciones, esperanzas,
vislumbres repentinos, abandonos,
hambres, gritos de miedo y desamparo
y alegría fulgiendo en las tinieblas
y palabras y amor y amor y amores)
lo cortarán los años.

ROSARIO CASTELLANOS

Noviembre

Noviembre es más que un punto en el calendario:
conversación larguísima e hiperbólica
de esta mujer casi invisible y poeta.

Es el simple reflejo de trastornados espejos,
intangibles en su transparencia.
Verbo en el polvo de mi boca,
rendido de espera, y finge que nada pasa.

Una puerta abierta por donde se escapan
¡tantas cosas desvanecidas en su rumbo!

Noviembre es un agujero húmedo y torpe:
huésped de los pasos que me fueron dados.
Estación, materia oxidada donde fundí
la ebriedad vital en que me envuelve
el regocijo de existir.

También allí
se anidaron algunos deseos,
sin merecer ser cumplidos:

mis tropiezos,
mi poco talento para las mentiras,
los yerros,
los pecados capitales
y falsos mandamientos impuestos.

Han pasado los noviembres

El tiempo todo lo devora en su continuidad,
en su autonomía y su espacio.
En ese espacio-tiempo irrecuperable
se han ido quedando mis noviembres.

Han pasado los noviembres,
de estación en estación en su grave hondura.
No en su relatividad:
la dimensión cósmica,
espacio-tiempo y sus múltiples teorías,
o su probado ente lógico, matemático
único y continuo.

¡No!
No son las partículas que deja esparcidas,
ordenadamente certeras;
no es su naturaleza doblada en la luz
para luego convertirse en sombra:
creación libre
herramienta que se mide en un tic-tac.

¡No!
No es la metáfora, herramienta del poeta:
son los noviembres, espacios sombríos;
que exploran las formas de las cosas,
espías de la materia.

Son el ajedrez de los noviembres remotos,
que tejidos de ausencias y muertes
casi borrados en el horizonte,
permanecen como criaturas mágicas,
encalladas en el olvido.

Son los noviembres que pienso tan lejos,
como alguna vez se quedarán mis ojos;
porque los noviembres se han ido
en un tiempo que jamás será mío,
semejante a los noviembres
que siempre han sido solo tiempo.

Pequeña disquisición con mi sombra

Observo mi sombra,
pienso en una fotografía,
y esa, mi sombra, es el inevitable borde
por donde se precipitan las últimas estaciones.

Observo mi sombra.
Medito: es una representación,
algo parecido a mi cuerpo,
muy lejos de la fotografía que pienso.

Ella, mi sombra, se precipita,
se referencia en el asfalto,
en una tarde casi difusa.
Se extravía ajena a mí;
trato de seguirla y mis pies se hunden
en sus movimientos.

Una opacidad envuelve su rostro:
no me mira, se extiende,
me cubre con su amplio vestido negro,
hiede al alquitrán del asfalto
y me invita a abandonar mi cuerpo.

Necesito algunas explicaciones de mi sombra,
pero supongo que ella, igual que yo,
solo se mira
en el añejo espejo de noviembre.

Desde mi íntima geometría

Sobre toda porfía el hombre aviva su sagrada soberbia
porque quiere volver al principio del mundo...
Somos llaga de carnicería divina y masacre.

PABLO DE ROKHA

Un oxidado desvelo me acompaña
frente al espectro que recorre las ciudades,
al murmullo del nuevo orden
y sus pronósticos;
reguardo que se estrecha
en el íntimo espacio de mi cama.

El asombro se desliza en los alambres
por donde llegan las noticias,
justo cuando el aire es más escaso
en este cuarto sin ventanas,
sin un trozo de cielo que se asome,
medio a medio a esta pesadumbre,
cada vez más cargada de ausentes.

Cara a cara a esta falsa calma,
el silencio descose:

¡tantos nombres amados!
y despierta la sal en la herida,
en el hueco más íntimo de mi geometría,
donde un temblor me desordena,
anclada en la orilla de la noche.

Un sol herido,
languidece en las horas.
Los días, devorados por la oscuridad,
depositan, sin remedio,
placenteros momentos;
acuden, trepidando desde viejos tiempos,
cuando las luces se apagan
y el estío nocturno
funde mi cuerpo.

ALGO NACE EN LA ESPESURA

Algo nace en la espesura de la noche,
en el velo que alcanza mi mirada,
cuando el tiempo, poco amable,
se instala en la luz incierta
o se ahoga, suicida de una lámpara barata.

La sorda habitación es un aleteo de extinción
que eternamente irreductible, crece;
me alcanza y me toca
con un desahuciado beso.

La noche, aviesa, es un "mordisco de la muerte";
engendra cosas terribles
cuando me encierra en su negrura
y el alba tarda más que nunca en aparecer.

Mi boca bebe de su sed,
muda frente al manojo negro de mi carne,
que no es más que una fría morada de difuntos.

LOS ITINERARIOS

Los itinerarios viajan de mí
a una puerta oscura
hora cero
tan original e invisible
como un señuelo en el nadir
dédalo donde queda perdido mi cuerpo
abandonado sobre una cicatriz
que me remite a la baba venenosa del tiempo
que sabe como reclamarlo.

En los itinerarios
se acuna la risa
los reproches
los sollozos
los ojos insondables de las cosas envejecidas
que refugiadas en mi sadentros se pierden
y se convierten en inútiles exequias.

Paradoja de mi *animus*

Hay un punto que se erige,
    se proyecta a sí mismo
desde mi esfera placentaria:
artífice de la creación,
lugar y espacio,
definitivamente anclado en el punto cero,
referenciado en sí.

Eje.
Ego.
Ónfalo que viaja entre partículas,
vida,
muerte donde gravito
donde soy paradoja de mi *animus,*
espacio en que me multiplico
cuando un aire frío y seco cala mi ánima.

Y VENDRÁN ELLOS, LOS OTROS

Y estarán arrepentidos
de las verdades que ocultan
al pie de sus construidos abismos.

Y después,
ya libre de la noche y la memoria,
vendrán ellos, los otros
con flores y abrazos,
dones tardíos
después de haberme negado más de tres veces.

Yo sabré que esa que yace verticalmente,
     ajena a todos,
no soy yo.
Les negué el gozo y el asombro
de ver mi mirada perdida,
ausente como la de los maniquíes,
la docilidad obligada de mi boca
clausurada en silencio,
y mis arrebatos, ahora apacibles,
detenidos último aliento de la tarde.

No soy ese ente que gravita en un tránsito,
buscando una puerta,
la menuda salida de la materia fatal
que fue ese cuerpo,
demasiado fatigado para rebelarse,
ahora fétido, pretérito de una travesía rota.

Tras la grisalla extendida ante sus ojos,
cebados de mentiras,
ellos, los otros, no pudieron ver la hora,
la epifánica revelación de mi amor,
mis gestos más tiernos,
toda la ternura de las cosas ofrecidas,
los brazos siempre abiertos y dispuestos,
que finalmente se han cerrado
bajo una dura losa humedecida.

Por cierto,
¿qué ha sido de ellos,
de los otros,
desde entonces?

También vendrán

> *Pido a mis dioses o a la suma del tiempo*
> *que mis días merezcan el olvido,*
> *que mi nombre sea Nadie como el de Ulises,*
> *pero que algún verso perdure*
> *en la noche propicia a la memoria*
> *o en las mañanas de los hombres.*
> **Jorge Luis Borges**

Y también vendrán ellos,
los indiferentes,
tardíamente compasivos,
los que me llamaron:
esa muchacha,
esa mujer,
la tipa esa,
la loca de los libros,
la morena,
o por mi gentilicio,
por no querer pronunciar mi nombre
que amarga sus gargantas.
El nombre, regalo mi madre
en la pila de bautismo,
el que contiene la alusión al misterio,
que evoca con ansias

la gloria o el infierno,
mi nombre que pesa siglos en sus bocas.

Ellos supieron muy poco de mí,
Ellos, los que nunca se miraron
en su propia estatura,
mientras la mía fue júbilo,
el gozo de palabra
en la que estoy desterrada,
la que he llevado de ida y vuelta,
sobre mi costado
como un animal dormido.

A ellos, para los que fui un espacio transitorio
donde hubo afecto y hoy nada queda
—cada quien por sus razones—,
los encierros en el vuelo de un abrazo
en el paisaje dormido
      que hay ahora entre nosotros,
en la testarudez de mi alma,
en el gesto de la trivialidad de la muerte
      que anclará en los ojos
referentes vacíos que no verán este cuerpo,
que en un tiempo amorfo solo será ceniza
polvo disipado por el polvo.

DIÁLOGO
(ENTRE POETAS)

Eres la tierra y la muerte
tu estación es la sombra
y el silencio.

Lo sé
soy un cuerpo en estación.
Aprendí a vivir de repetidas ausencias
en el foso de la sombra y el silencio
sobre un relente de siglo sepultada.

También tu eres colina
y sendero de piedra
y juego entre las cañas,
y conoces la viña
que de noche se calla.

Conozco lo que oculta la noche cuando calla
el espejismo que crece en el sendero
que ha marcado mis pisadas
el gemido de la vid en el pezón de la oscuridad
que antecede a la vendimia.

El dolor,
como el agua de un lago
tiembla y te circunda.
Hay círculos sobre el agua.
Tú los dejas desvanecer.
Eres la tierra y la muerte.

Soy hija del llanto y la ceniza
alguien me ha envestido como fiera
y soplado sobre esta arena
en este laberinto nocturno y decadente
donde la muerte es un beso de exterminio.

Tienes el rostro de piedra tallada,
sangre de tierra dura,
has venido del mar.

¡El mar! El mar es un espejismo sediento
y yo una barca rota que flota sobre él.
Soy mineral tardío y hueco
un caracol de sangre escondido en la tierra.

Eres como la tierra
que ninguno ha nombrado.

He sido soplo de olvido
desterrada razón
      que sin nombradía muere.
Piel nocturna en los relojes
por mi voz transmigran las palabras
los signos que se esparcen
que no caben en lenguas profanas.

Las mañanas pasan claras
y desiertas. Así tus ojos
se abrirán en el tiempo.

¡Oh el tiempo!
Borrará la nube espesa
que me ha enceguecido
y en una última noche, terrenal y desnuda
libre de sentidos oscuros
veré el matiz de los días
perdidos en mi ceguera.

CALLAR ES OTRA MANERA DE HABLAR

El silencio está lleno de palabras
que nadie puede nombrar.
CARMEN NOZAL

Hay tanto silencio
que callar es otra manera de hablar:
es el eco dormido de mi voz,
un llamado que solo evoca recuerdos
tímidos, torpes,
infancias sumergidas
en todo lo que nombran,
chapoteo de corrientes inútiles.

Un leve llanto se esconde…
una silueta borrada es la respuesta,
sombras que se marchan con el sol,
porque él mismo las inventa.

Los amores se han ido
se llevaron todo en la mirada
dejaron el vacío en el que duermo
por sus ausencias.

Me aferro a la evocación de los otros
para no morir en soledad
para no morir sin despedidas
para no morir como mueren algunos pájaros.

EL DÍA AÚN NO TERMINA

Llueve y el día aún no termina de instalarse;
la ciudad sabe inocularme bien su veneno,
junto a un viento fresco,
una nota de jazz
o el tímido tarareo de un blues.

Hace un poco de bruma.
No sé qué hacer
frente a todas estas cosas escritas,
varadas, esperanza que se abandona
un chorro perplejo en su caída
o un lugar donde siempre llego
demasiado tarde.

Quizás
es lícito arrojar por la ventana
todas mis dudas hechas piedra,
mi corazón, grieta en el aire
en el alevoso aroma de miseria
que mana de este destierro.

Rodando en la memoria

Las cosas ruedan casi sin memoria,
entre duras e indiferentes efemérides,
entre todas las cosas absurdas que pasan
y se depositan en rostros ajenos.

Todo lo que he amado
ha sido un símil del amor:
un largo rosario lleno de signos inservibles,
fragmentos sueltos de entidades que emigraron
y no responden a mis evocaciones.

Mis brazos se anudaron alrededor de los deseos,
al vano misterio centuplicado,
en los días en que encuentro
la silueta de mi sombra,
o las noches en que me busco
en el corazón convicto de los relojes.

ANTE ALGUNOS INSTANTES

Como si algo inexplicable
me saliera de adentro
y se burlara de mí,
mis ojos se abren
ante la visión de algunos instantes
que me he obstinado en reconstruir
o velar.

Miro y me pregunto
sobre todo lo que ha quedado atrás:
en las pequeñas encrucijadas,
en las postales que dejé perdidas,
entre todas las cosas inútiles.

Una íntima armonía

A pesar del aire húmedo y pesado,
creímos en el hallazgo:
una última armonía,
la que desde su orilla dejó de ser nuestra,
porque fuimos dejando nuestros pasos
quebrados en el camino de tanto pisarlo.

Estábamos seguros que al otro lado
había un claro,
un amanecer de labios húmedos
que recorrería nuestros cuerpos
como pequeñas olas.

En fin,
aprendimos que solo éramos
una repetición usada y sucia,
flores secas dentro de viejos libros,
o una obscena forma de consuelo.

Un punto ciego

El tiempo es ciego
en un punto equidistante del ser,
último destino hacia mí misma,
al sabor de las urgencias
      contenidas en mi boca,
que ahora solo dejan puntos suspensivos.

Imaginadas luces
      atrincheradas en los rincones,
en la inútil crepitación de mis ojos,
que no han de verme llorar,
no han de sentir
      cuando sus párpados se ahoguen
en la hora irremediable y sedienta
del largo viaje
donde todo termina
y el tiempo será un punto ciego.

DE TODOS MIS OLVIDOS

> *Es por eso que regreso[...]*
> *a un baúl lleno de balances,*
> *pendientes y daguerrotipos.*
> *No regreso a ti*
> *sino a tu recuerdo.*
> CARLOS ROBERTO GÓMEZ

Si pudiera elegir entre todos mis olvidos,
elegiría el ácido deseo
      que conservas por mi carne,
los hielos, el abandono,
el dolor de algunas voces,
la desierta luz de la alborada,
todo el ayer —tiempo estéril—,
el sabor a cenizas de mi boca
y todos los arribos tarde.

Si pudiera elegir,
elegiría nuestra distancia,
nuestra cristalina distancia,
afonía que ha quedado varada entre nosotros,
acto de comunión,
instrumento que inventamos

para burlar, entre otras cosas,
el tiempo —dimensión imposible—
que a cada instante
    se pierde en su autonomía,
tiempo en que ahora solo somos
el reflejo de dos seres turbios
que jamás contemplaron
    su verdadero rostro
en el mismo metal del espejo.

Pues el espejo,
invariablemente,
fue tus ojos:
siempre mirando
    hacia la otra orilla de nuestros rostros,
siempre abierto a otros brazos.

La noche levita desnuda

Transito como ausente,
y la noche es propicia
para ahogarme en su juego,
en su soplo ciego,
en el temblor de la fantasía y la prisa.

El pregón del negrísimo horizonte
trae la noche y su delirio;
las horas levitan desnudas,
languidecen oxidadas.

Una quietud compasiva
permuta muda en mi falso reposo,
y aferrada al crin de la madrugada,
invoco el milagro de unas manos,
el cálido azar de unos brazos.

ME ACOSAN CICATRICES

Irónicamente me acosan cicatrices:
espectros que me hablan,
daguerrotipos que me perciben
desde un último peldaño.

En el día cóncavo
horas crepusculares me asaltan,
desatan el nudo en mi pañuelo
y el azar me declara disidente.

La imagen que convoco

En la noche, íntima, convoco algunas imágenes
para llegar hasta mí.

He visto cruzar, incansable,
la imagen que convoco en mi centro,
y se desvanece en un espacio dilatado
que me ahoga en su círculo.

Inesperada, la herida es la respuesta
cuando en el punto fértil de mis poros,
empiezo a ver como testigo,
detrás de la puerta, sin poder evitarlo,
sombras, siempre sombras.

Criatura sobreviviente,
con el corazón a la intemperie
y el otoño entre las manos,
regreso al reencuentro
      de la imagen que convoco
en el punto fértil de mis poros.

UN HIATO EN EL PAPEL

Mis manos se recrean en el papel,
espacio indescifrable
donde deposito mi voz,
las cosas calladas.

Son inútiles mis urgencias
mi lengua envilecida y soez,
frente a la brevedad de las palabras,
a la fuerza de su pureza.

Ellas me lanzan al otro lado de la dicha
como un sacudido andrajo,
aún tibio y llagado,
se cobija en su costado
y sigue siendo
un hiato que escondo en el papel.

Una mujer transfigurada

> *Dejo tirada esta piel que ya no me pertenece*
> *esta piel abandonada testigo de otra muerte*
> *alguien encontrará mis escamas*
> *tiesas en el corazón de las sombras...*
> ROSA CHÁVEZ

Esta mujer ha caminado
      por imaginarias líneas,
indeseada geografía
      de un tránsito polvoriento,
llena de culpas,
en marcha furiosa
      entre la esperanza y el miedo.

Ha rasgado la vigilia que la ata
a la hendidura de los ojos,
a las pupilas que otean
      el círculo concéntrico
que las ha quebrado,
y yace ciega en un paisaje remoto:
delirante luz entorpecida,
sin la casa familiar ni la mesa dispuesta.

Una mujer que solo existe en la transfiguración
de esa otra mujer
que no se reconoce en los escaparates
una mujer...
¡Tan alejada de la Sulamita
Eurídice y Beatriz, Juliette o todas las Salomés!

Una mujer a la que no hay que recordar,
que ha encontrado en sus resquicios interiores
la morada del grito que ha callado.

Luego de esta travesía invertebrada:
muerta,
muerta,
bien muerta,
eclipsada en la memoria,
permanecerán solo sus huesos,
como prendas esparcidas,
insepultas,
haz ciego sin expiación.

NADA QUE PERDER

Esta paranoia es un gesto horrendamente mío,
estrujada bailarina
que golpea las tablas,
se estira,
y en espiral se recoge
como un pájaro roto
que cae al fondo,
malherido.

Esta paranoia es tan mía
que he preferido dialogar
con los muertos,
inmóviles,
en el gesto oblicuo de su trance,
del que no saldrán jamás:
de su asfixia.

Esta paranoia es tan obstinadamente mía
que marcho perdida
en esto que han llamado cuerpo,
en el polvo que ha velado los objetos,
donde ya no tengo nada que perder.

UNA VOZ ENTRE LA SOMBRA

> *Recupero mi voz entre las sombras:*
> *trae visiones inagotables,*
> *empecinadas, que han sobrevivido en mi alma.*

Salgo del silencio,
del frontón vacío de los años,
amnesia ajena que ha puesto íntima distancia
en la vulnerable memoria del hombre
y la sospechosa voluntad de extraviarme
entre todas las palabras dichas.

Una voz robada,
extraída de la oxidación del tiempo,
muesca que hiere,
las palabras que caen, cual vendimia nocturna:
inagotables sobre la almohada,
epidémicas, dejan una ilusión mendiga
cuando escapan por cualquier resquicio
y se proyectan en punzantes imágenes.

Después me suspendo y callo,
como una cuerda rota.

Desde este portón llamado instante

Desde este portón llamado instante
recupero las tardes de adolescente,
las mismas que acuñé
en el murmullo del agua danzante,
ebria sobre el techo de zinc de la casa,
bajo la embriaguez del olor en el jardín,
donde los azahares y gardenias
derramaban caricias de aroma estival:
enunciación erótica de mi adolescencia.

Desde este portón
miro los sucesos
que se tejieron en cadena,
urdieron mi sino
a voluntad de un espejismo.

Desde el portón llamado instante
las despedidas continúan;
con devoción constante se repiten,
      como un rótulo,
delirantes de cosas nuevas,

como la Maga a la que nunca amó Oliveira,
la que jamás fue su dicha a tiempo completo,
total y absoluto.

Porque desde este portón llamado instante
se ha desvanecido el poder sublime las cosas,
como viejas postales fundidas.

La poesía

La poesía me la regaló mi padre,
condenándome, sin saber,
      a su hambre y a su hondura,
a su llaga imposible de vencer
dentro de todas las cosas vencibles.

¡La triste poesía!
La encuentro herida de muerte en las calles,
en el filón roto de ajenas palabras,
o en alguna mirada fugitiva,
ahogada en una copa
junto al último bohemio en la noche
y su triste historia de amor,
con el que no tengo nada en común
salvo la rabiosa pasión por ella.

A veces la encuentro
más figurativa que abstracta,
con una mirada ciega,
retrato de Modigliani,
o pisoteada,

como una rayuela pintada en la calzada
que ha perdido la inocencia,
el fin para que fue creada.

La poesía, sigue aquí,
dentro de la carne de esta mujer,
debajo de este cuerpo que se ha dilatado,
que se ha convertido en un epigrama
perdido en cualquier parte,
sin dioses que velen su destino
o le den valor,
a media voz,
para sostener su herida.

Cuando todo se ha perdido

> *Vendrá la muerte y tendrá tus ojos*
> *esta muerte que nos acompaña*
> *de la mañana a la noche, insomne,*
> *sorda, como un viejo remordimiento*
> *o un vicio absurdo.*
> Cesare Pavese

Al otro lado de la puerta
mi esqueleto construye su tumba;
deposita en ella mis ojos hendidos,
dos cavidades rotas,
ventanas distantes
      donde no vio su propio rostro
ahogarse en su marco.

Sepultó mis manos llenas de vacío,
carentes de horarios,
buscando fondo,
fondo,
fondo,
escarba para reencontrar su lugar
en el ser al que pertenecen.

Mis pies descalzos, abandonan los zapatos
que ya no volverán a profanar la tierra,
las cosas que en sí mismas desaparecieron
en su acre exceso.

¿Y mi lengua?
¡Mi lengua!
Se pudre, se pudre
Podrida,
escudriña las palabras
      por los huecos de la memoria,
en mi boca, párcamente estéril,
sin poder alzar la voz.

Nunca me fue tan innecesario mi cuerpo
como ahora que lo sé perdido,
cuando no existe una victoria posible,
y nadie más que yo sabe
de la condena,
el abismo
y el polvo.

A DÓNDE IR CON EL TIEMPO

A dónde ir
     con tantas cosas omnipresentes
confinada a los límites
elíptico arco donde solo el silencio
dice con franqueza las verdades.

En la consumición de la luz
se reconoce y se encuentra
la existencia pura de las cosas
las imágenes que responden
desde los escombros
y se niegan y corren al sacrificio
no con los ojos, sino con el alma.

A dónde ir
     cuando el tiempo se detiene
en la plenitud de una mirada que conozco
y a pesar de todo, después del llanto
un palmillo de serenidad
me suspende en un haz de luz
espléndido como un astuto truco de Circe.

Vuelvo a mirarme piadosamente estática
porque hacia donde vaya
en el intersticio del viaje
preguntaré siempre a media voz,
si la vida —síntesis de todo—
es una pelusa de cardos
que huye esparcida por un soplo.

En un único momento

Sin embargo, no hay nada que perder
cuando todo ha sido un espejismo,
un camino
      que finalmente conduce a la quimera,
a la media noche
      de las sábanas húmedas de frío,
al estallido inoportuno
      de oscuros resentimientos
ocultos en los rincones.

No hay nada que perder
cuando el tiempo, convertido en tumba
debajo de la alfombra, se transforma
en un insecto desgarrando la crisálida,
una bestia invisible,
criatura perversa
que ha engendrado el momento único
de querer abandonarlo todo.

IGUAL QUE AÑOS ATRÁS

Hoy el aire me hiere igual que años atrás,
condenada al velo material de la codicia.
Como Odiseo, he perdido el camino
frente a los rostros de los hombres
que vienen desde lejos,
unidos por viejos enfados y lamentaciones,
que expían con ancestral delirio el tiempo,
donde hasta la misma muerte puede agonizar.

Su voz fracturada
se aloja en mi cuerpo como una única sutura,
lenguaje persistente y monótono,
melodía de sinagoga,
o antimateria que me ata
al insaciable Dios, labrador de agonías.

Hoy,
precisamente hoy,
el aire me hiere igual que años atrás.

Como un animal dormido

Siempre que es mayo,
y junio se asoma traicionero,
pienso en la que fue mi casa,
caliente, barriga de un animal dormido.

Siempre que el día se refugia
en la emboscada de una lámpara,
perseguido por las sombras,
yo, hilo palabras en caprichoso orden,
y mis especulaciones
son un lamento de la memoria,
cuando la noche
lanza su aliento en mi rostro,
sin ni siquiera un óbolo
para poner bajo mi lengua,
sin Virgilio
o la suficiente sed para beber del Leteo.

Siempre que una horda de pesadillas
me recuerda que junio y diciembre
se retuercen dolorosos

incapaces de fiestas,
y que, cuando el olvido
o algo peor me reclame,
volveré a sentir la antigua casa,
caliente como un animal dormido.

Cuando la luz retrocede

Atrapada en el vértigo,
la luz ha retrocedido hasta su pesado fardo,
donde está inscrito
el significado oculto
atribuido al deseo de Dios y su omnipotencia,
la ilustración invertida de un tal Sócrates,
donde perdí el don natural,
el instinto que me fue dado.

Mi yo se proyecta en el vacío,
y mi virtud taciturna, cansada de sí misma,
se asoma al abismal espacio
donde me he mirado largo tiempo,
tanto que ahora él se mira en mí,
indescifrable.

La noche es un bostezo de la tarde

> *La noche llega ciega,*
> *se cierne sobre mí*
> *y, contra todo pronóstico,*
> *me voy quedando en ella.*

De repente me quedé en la noche
en sus vísperas añiles
en los celajes que se abren
desnudos de asombros en mi cuerpo.

Me quedé en sus horas destempladas
justo cuando todos duermen
unos frente a otros
y la noche miente
soberbia
ensombrecida
adyacente a mi piel.

La noche, instrumento preciso y certero,
me ancla a los cuatro costados del lecho
a los clavos de la cruz
de un Cristo que cuelga estoico

moribundo en la pared,
indiferente a su propia muerte,
a la costra de premura en mis pies,
de mis ojos que, contra toda revelación,
son exvoto de luz
desprendido de la insidiosa oscuridad.

"La noche es un bostezo de la tarde"
se ensancha y crece, araña
sobre mi carne negra y dura
sobre la secreta tibieza de mi sexo
y los bordes de este cuerpo
que ella conoce de sobras.

A VECES REGRESO

> *Nadie entendería nunca*
> *del agua que lava mi sexo*
> *que se prepara*
> *para recibir*
> *la vida muerta*
> *que expulso.*
>
> LETICIA CORTÉS

A veces regreso al secreto sobresalto
de ver mi cuerpo castigado de imposible
apremiado de contracciones,
sospecha,
sangre,
a los larguísimos pasillos blancos,
al aséptico espacio quirúrgico,
a la hemorrágica pulpa de un embrión
que corre por mi entrepierna:
expulsión absoluta de vida.

A veces retorno a esa sensación,
a esa terrible sacudida del vacío,
como el que acude de cuando en cuando,
a contemplarse en un viejo pozo,

espejo donde siempre, solo veré
permutaciones de imágenes,
añejas heridas, entre otros quebrantos,
los mismos que creía borrados
por la fragilidad de la memoria.

A veces regreso a las viejas canciones de cuna,
y, para donde mire,
mis ojos solo ven una criatura enrarecida
que nunca se negó a morir,
y muere como el sol
en la irremediable autofagia de su retirada,
en que solo deja
un panteón de brumas cuando muere.

REGRESARÉ A LA INFANCIA

Regresaré a la infancia,
como tribus de lluvia en su estación,
y mi llanto será un rocío en la mañana,
una mirada buscándote en cualquier parte.

Mi lengua irreverente, un pasadizo,
donde finalmente, los muertos tienen la palabra,
un péndulo hecho de las imágenes
que el tiempo ha derramado.

Amor puede ser más que una palabra,
y el tiempo, araña ciega,
que conduce del polvo de los caminos
a la noche de los cementerios.

Regresaré a la infancia
desnuda entre las azucenas gastadas de mi madre
desde su líquido amniótico,
Maga superior al misterio que me ha convocado.

Regresaré a la infancia

entre noviembre y diciembre,
desde la pulpa de una tierra
    que mira hacia el mar,
en una luminosa aldea de domingo:
barro, cántaro,
    donde volveré a acurrucarme.

Opus final

El tiempo es una riada furiosa
ha pasado sobre este ser
que es solo una ilusión.
Se aniquila, se inventa
como obra de un burilador genial y mezquino.

Idea,
tiempo,
hombre,
pretérito:
núcleo base de un secreto del que estoy hecha,
miga de la que he vivido
de la que no viviré para siempre;
momento de rancios tenaz
y memorables fantasías.

Soy la repetición de un ingobernable juego,
de un imaginario compuesto de las variaciones
en que solo soy una tautología,
estado primigenio, dinámico e intacto del ser,
iniciación de todo:

dios, esencia en que me contengo;
principios presocráticos,
el "era, es y será" de Heráclito,
tiempo sórdido demiurgo
donde se quedarán para siempre
todos los noviembres que me sobran.

Notas Críticas

En *Me sobran noviembres*, el lector podrá hallar el insistente enfoque del sujeto y su tránsito por la vida en poemas pincelados por la corriente filosófica del existencialismo. Estos se infiltran en asuntos fundamentales para que el individuo, al analizarlos, logre hallar algún punto que le permita reconocerse en esta cosecha versificada y aproximarse al cúmulo de experiencias de la autora.

Estos poemas nos invitan a realizar un alto en la habitualidad, para conducirnos a la observación filosófica del ser. Es así como nos adentramos en el universo complejo e individual que se alza en cada verso.

Antonio Bone
New York, N.Y.

En este nuevo poemario no encontrarán solamente ese saber decir propio de los verdaderos poetas, sino también el saber sentir que caracteriza la obra de Osiris Mosquea. Su poesía, nos confiesa, es un regalo paterno, una herencia de hondura, un estigma que soporta con altura. Un epigrama tan consustancial a su ser que la encarna, la habita y que perdurará más allá de su esqueleto.

Me sobran noviembres es una travesía donde los lectores se transfigurarán sin apenas darse cuenta. Habrá un antes y un después, un abandono de pieles, de caparazones y de cáscaras. Un querer desprenderse del cuerpo terrestre para reconocer la esencia. Porque noviembre es muerte, y cada noviembre, una muerte diferente y nueva.

CHRISTIAN FERNÁNDEZ ALONZO
Sevilla, España.

Me sobran noviembres es un libro de poemas formidable; la materia verbal fluye con la fuerza y la cadencia de la gran poesía. Y trata temas esenciales, con los que demuestra su coraje existencial y su calidad humana y poética. No todos se atreven a los grandes temas.

HORACIO HERRERA
Barcelona, España.

Osiris Mosquea embiste los estertores en la poesía, y lo hace de manera intermitente, con ese "gemido de la vid en el pezón de la noche que antecede la vendimia". Acaso la vendimia es la paz eterna. Su urdimbre poética suma oquedad, sombra, silencio, pero sobre todo pérdidas, mismas que la llevan a recorrer su pasado en espiral, por la médula de la melancolía. Mientras, añora sensaciones, añora al padre quien le encendió la antorcha poética, añora la temperatura cálida que se opone a noviembre, añora otros espacios y tiempos. Es decir, mientras se adentra en los recovecos de entrañas —la suya, la de la vida—, procura chispas de luz en los huecos podridos, en las barrigas calientes de los animales, en los andrajos de los que ha sido presa.

Me sobran noviembres anticipa ese gesto donde "la vida es una pelusa de cardos que huye esparcida por un soplo". Su lectura es este itinerario gestado en sus versos.

SILVIA SILLER

Acerca de la autora

Osiris Mosquea es poeta, narradora y gestora cultural dominicana. Obtuvo la licenciatura en Contabilidad en la Universidad Autónoma de Santo Domingo (UASD) y la maestría en Lengua y Literatura Española en The City College of New York. Cursó estudios de Cuento y Arte Español del siglo XX en la Universidad de La Rioja (España), así como de Creación Literaria dirigida al mercado cultural y de Representación y Afrodescendencia en la Universidad Complutense de Madrid.

Fundó el proyecto Trazarte Huellas Creativas en Nueva York y se desempeña como coeditora de la revista *Trazos*. Su labor literaria y cultural ha recibido una Proclama de la Ciudad de Nueva York por su contribución a la literatura, un homenaje especial en la IX Feria Internacional del Libro de Escritoras Dominicanas en Nueva York, y el galardón La Mujer Alada, entre otros reconocimientos.

Su obra forma parte de diversas antologías, revistas y periódicos nacionales e internacionales. Fue finalista del Concurso Internacional de Cuentos de *Latin American Intercultural Alliance* (LAIA).

Entre sus publicaciones destacan los poemarios *Raga del tiempo* (2009), *Viandante en Nueva York*

(Artepoética Press, 2013), *Una mujer: todas las mujeres* (miCielo Ediciones, México, 2015) y *Desde la soledad de los puertos* (Proyecto Editorial La Chifurnia, El Salvador, 2019), además del volumen de cuentos *De segunda mano* (Books & Smith, Nueva York, 2019).

ÍNDICE

Me sobran noviembres

Noviembre · 13
Han pasado los noviembres · 15
Pequeña disquisición con mi sombra · 17
Desde mi íntima geometría · 19
Algo nace en la espesura · 21
Los itinerarios · 22
Paradoja de mi animus · 23
Y vendrán ellos, los otros · 24
También vendrán · 26
Diálogo (Entre poetas) · 28
Callar es otra manera de hablar · 31
El día aún no termina · 32
Rodando en la memoria · 34
Ante algunos instantes · 35
Una íntima armonía · 36
Un punto ciego · 37
De todos mis olvidos · 38
La noche levita desnuda · 40
Me acosan cicatrices · 41
La imagen que convoco · 42
Un hiato en el papel · 43
Una mujer transfigurada · 44
Nada que perder · 46
Una voz entre la sombra · 47
Desde este portón llamado instante · 48

La poesía ·	50
Cuando todo se ha perdido ·	52
A dónde ir con el tiempo ·	54
En un único momento ·	56
Igual que años atrás ·	57
Como un animal dormido ·	58
Cuando la luz retrocede ·	60
La noche es un bostezo de la tarde ·	61
A veces regreso ·	63
Regresaré a la infancia ·	65
Opus final ·	67
Notas críticas ·	69
Acerca de la autora ·	81

WILD MUSEUM
MUSEO SALVAJE

Latin American Poetry Collection
Homage to Olga Orozco (Argentina)

1
La imperfección del deseo
Adrián Cadavid

2
La sal de la locura / Le Sel de la folie
Fredy Yezzed

3
El idioma de los parques / The Language of the Parks
Marisa Russo

4
Los días de Ellwood
Manuel Adrián López

5
Los dictados del mar
William Velásquez Vásquez

6
Paisaje nihilista
Susan Campos Fonseca

7
La doncella sin manos
Magdalena Camargo Lemieszek

8
Disidencia
Katherine Medina Rondón

9
Danza de cuatro brazos
Silvia Siller

10
Carta de las mujeres de este país /
Letter from the Women of this Country
Fredy Yezzed

11
El año de la necesidad
Juan Carlos Olivas

12
El país de las palabras rotas / The Land of Broken Words
Juan Esteban Londoño

13
Versos vagabundos
Milton Fernández

14
Cerrar una ciudad
Santiago Grijalva

15
El rumor de las cosas
Linda Morales Caballero

16
La canción que me salva / The Song that Saves Me
Sergio Geese

17
El nombre del alba
Juan Suárez

18
Tarde en Manhattan
Karla Coreas

19
Un cuerpo negro / A Black Body
Lubi Prates

20
Sin lengua y otras imposibilidades dramáticas
Ely Rosa Zamora

21
*El diario inédito del filósofo vienés Ludwig Wittgenstein /
Le Journal Inédit Du Philosophe Viennois Ludwig Wittgenstein*
Fredy Yezzed

22
El rastro de la grulla / The Crane's Trail
Monthia Sancho

23
Un árbol cruza la ciudad / A Tree Crossing The City
Miguel Ángel Zapata

24
Las semillas del Muntú
Ashanti Dinah

25
Paracaidistas de Checoslovaquia
Eduardo Bechara Navratilova

26
Este permanecer en la tierra
Angélica Hoyos Guzmán

27
Tocadiscos
William Velásquez

28
*De cómo las aves pronuncian su dalia frente al cardo /
How the Birds Pronounce Their Dahlia Facing the Thistle*
Francisco Trejo

29
El escondite de los plagios / The Hideaway of Plagiarism
Luis Alberto Ambroggio

30
*Quiero morir en la belleza de un lirio /
I Want to Die of the Beauty of a Lily*
Francisco de Asís Fernández

31
La muerte tiene los días contados
Mario Meléndez

32
Sueño del insomnio / Dream of Insomnia
Isaac Goldemberg

33
La tempestad / The tempest
Francisco de Asís Fernández

34
Fiebre
Amarú Vanegas

35
63 poemas de amor a mi Simonetta Vespucci /
63 Love Poems to My Simonetta Vespucci
Francisco de Asís Fernández

36
Es polvo, es sombra, es nada
Mía Gallegos

37
Luminiscencia
Sebastián Miranda Brenes

38
Un animal el viento
William Velásquez

39
Historias del cielo / Heaven Stories
María Rosa Lojo

40
Pájaro mudo
Gustavo Arroyo

41
Conversación con Dylan Thomas
Waldo Leyva

42
Ciudad Gótica
Sean Salas

43
Salvo la sombra
Sofía Castillón

44
Prometeo encadenado
Prometheus Bound
Miguel Falquez Certain

45
Fosario
Carlos Villalobos

46
Theresia
Odeth Osorio Orduña

47
El cielo de la granja de sueños
Heaven's Garden of Dreams
Francisco de Asís Fernández

48
hombre de américa / man of the americas
Gustavo Gac-Artigas

49
Reino de palabras / Kingdom of Words
Gloria Gabuardi

50
Almas que buscan cuerpo
María Palitachi

51
Argolis
Roger Santivañez

52
Como la muerte de una vela
Hector Geager

53
El canto de los pájaros / Birdsong
Francisco de Asís Fernández

54
El jardinero efímero
Pedro López Adorno

55
The Fish o la otra Oda para la Urna Griega
Essaú Landa

56
Palabrero
Jesús Botaro

57
Murmullos del observador
Hector Geager

58
El nuevo gusano saltarín
Isaac Goldemberg

59
Tazón de polvo
Alfredo Trejos

60
Si miento sobre el abismo
If I Lie About the Abyss
Mónica Zepeda

61
Después de la lluvia
After the Rain
Yrene Santos

62
De plomo y pólvora. Poesía de una mente bipolar
Of Lead and Gunpowder. Poetry of a Bipolar Mind
Jacqueline Loweree

*

New Era:
Wild Museum Collection & Arts

63
Espiga entre los dientes
Carlos Calero
Cover Artist: Philipp Anaskin

64
El Rey de la Muerte
Hector Geager
Cover Artist: Jhon Gray

65
Cielos que perduren
José Miguel Rodríguez Zamora
Cover Artist: Osvaldo Sequeira

66
Por el mar, con los monstruos de Ovidio a otra parte
Francisco Trejo
Cover Artist: Jaime Vásquez

67
Los vínculos salvajes
Juan Carlos Olivas
Cover Artist: Jaime Vásquez

68
Commemorative Edition:
VII Anniversary of Nueva York Poetry Press

Una conversación pendiente
Unfinished Conversation
Juana Ramos

*

69
La quinta esquina del cuadrilátero
Paola Valverde Alier
Cover Artist: María Kings

70
El evangelio del dragón
Luis Rodríguez Romero
Cover Artist: Osvaldo Sequeira

71
Un fragor de torres desgajadas
A Roar of Tumbling Towers
Miguel Falquez-Certain
Cover Artist: Giovan Battista Moroni

72
El ombligo de los pájaros
Francisco Gutiérrez
Cover Artist: Juan Carlos Mestre

73
Apuntes para un náufrago
Paúl Benavides
Cover Artist: Jaime Vásquez

74
Me sobran noviembres
Osiris Mosquea
Cover Artist: Jimmy Valdez Osaku

POETRY
COLLECTIONS

ADJOINING WALL
PARED CONTIGUA
Spaniard Poetry
Homage to María Victoria Atencia (Spain)

BARRACKS
CUARTEL
Poetry Awards
Homage to Clemencia Tariffa (Colombia)

BORDERLAND / *FRONTERA*
Hybrid Poetry
(Spanish - English)
Homage to Gloria Anzaldúa
(U.S.A Chicana Author)

CROSSING WATERS
CRUZANDO EL AGUA
Poetry in Translation (English to Spanish)
Homage to Sylvia Plath (United States)

DREAM EVE
VÍSPERA DEL SUEÑO
Hispanic American Poetry in USA
Homage to Aida Cartagena Portalatín (Dominican Republic)

FEVERISH MEMORY
MEMORIA DE LA FIEBRE
Feminist Poetry
Homage to Carilda Oliver Labra (Cuba)

FIRE'S JOURNEY
TRÁNSITO DE FUEGO
Central American and Mexican Poetry
Homage to Eunice Odio (Costa Rica)

INTO MY GARDEN
English Poetry
Homage to Emily Dickinson (United States)

I SURVIVE
SOBREVIVO
Social Poetry
Homage to Claribel Alegría (Nicaragua)

LIPS ON FIRE
LABIOS EN LLAMAS
Opera Prima
Homage to Lydia Dávila (Ecuador)

LIVE FIRE
VIVO FUEGO
Essential Ibero American Poetry
Homage to Concha Urquiza (Mexico)

REVERSE KINGDOM
REINO DEL REVÉS
Children's Poetry
Homage to María Elena Walsh (Argentina)

STONE OF MADNESS
PIEDRA DE LA LOCURA
Personal Anthologies
Homage to Alejandra Pizarnik (Argentina)

TWENTY FURROWS
VEINTE SURCOS
Collective Works
Homage to Julia de Burgos (Puerto Rico)

VOICES PROJECT
PROYECTO VOCES
María Farazdel (Palitachi) (Dominican Republic)

WILD PAPERS
PAPELES SALVAJES
Latin American Poetry
Homage to Marosa Di Giorgio (Uruguay)

WILD MUSEUM
MUSEO SALVAJE
Latin American Poetry
Homage to Olga Orozco (Argentina)

INTERNATIONAL POETRY AWARD
PREMIO INTERNACIONAL DE POESÍA NYPP
Award Winning Authors
Homage to Feature Master Poets

OTHER
COLLECTIONS

Fiction
INCENDIARY
INCENDIARIO
Homage to Beatriz Guido (Argentina)

Children's Fiction
KNITTING THE ROUND
TEJER LA RONDA
Homage to Gabriela Mistral (Chile)

Drama
MOVING
MUDANZA
Homage to Elena Garro (Mexico)

Essay
SOUTH
SUR
Homage to Victoria Ocampo (Argentina)

Non-Fiction/Other Discourses
BREAK-UP
DESARTICULACIONES
Homage to Sylvia Molloy (Argentina)

For those who like Olga Orozco believe that "a word on the back of the world allows the enemy to advance," and who like her recognize that "half of desire is barely that, half of love is only a measure," this book was published in Manhattan in November 2025, as part of the Wild Museum Collection by *Nueva York Poetry Press*, in homage to her voice.

www.ingramcontent.com/pod-product-compliance
Lightning Source LLC
Chambersburg PA
CBHW030121170426
43198CB00009B/698